I0444094

Colour with ME

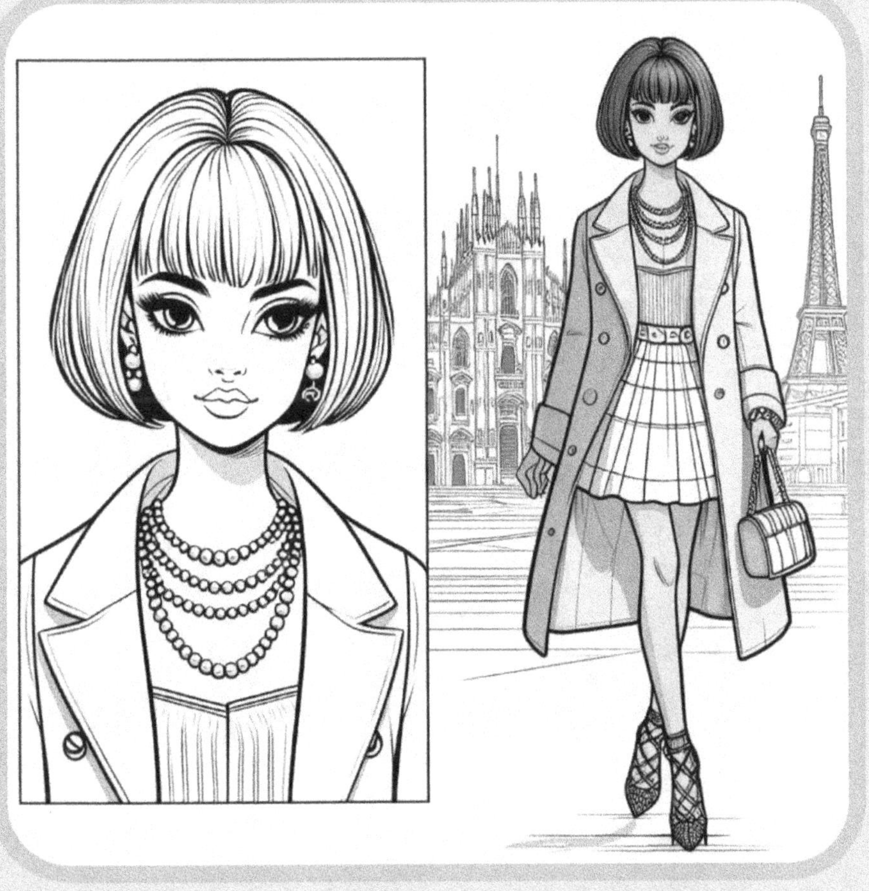

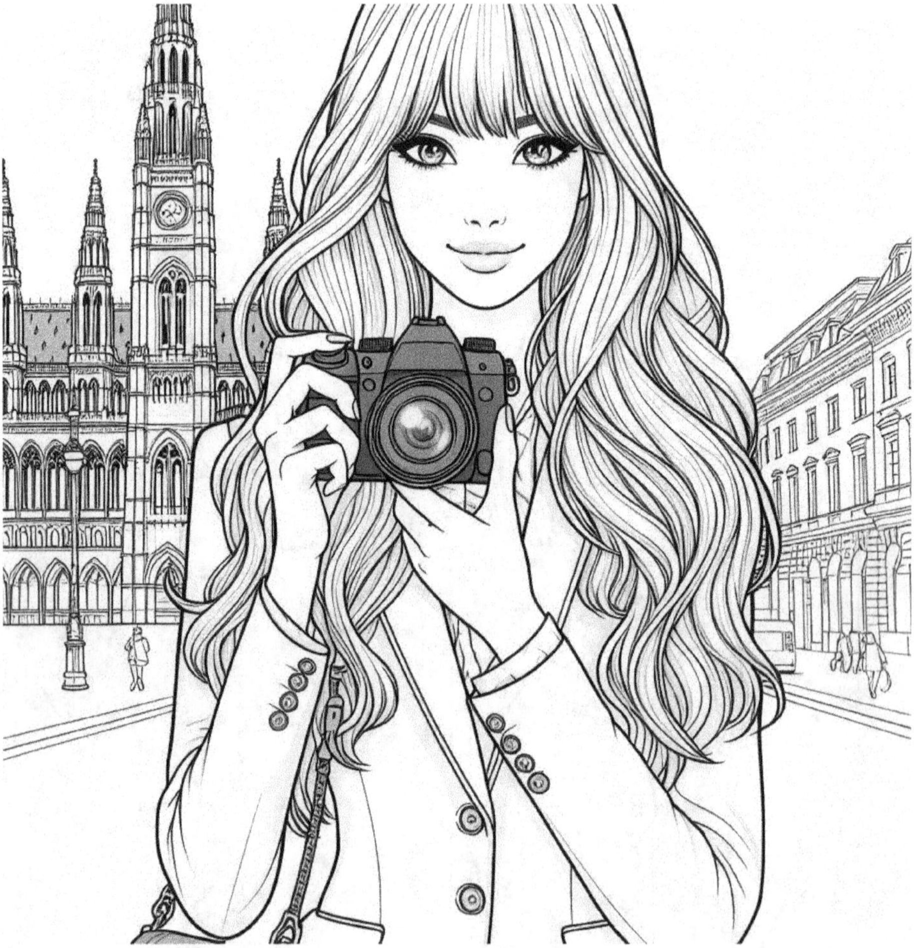

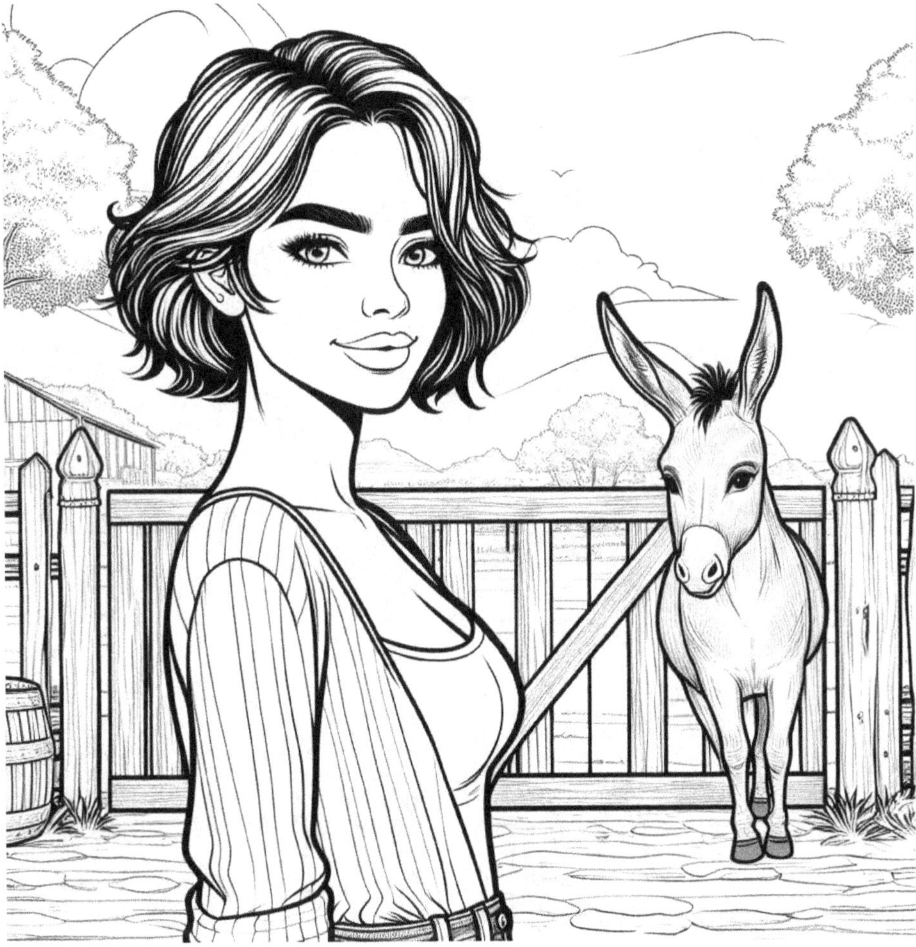

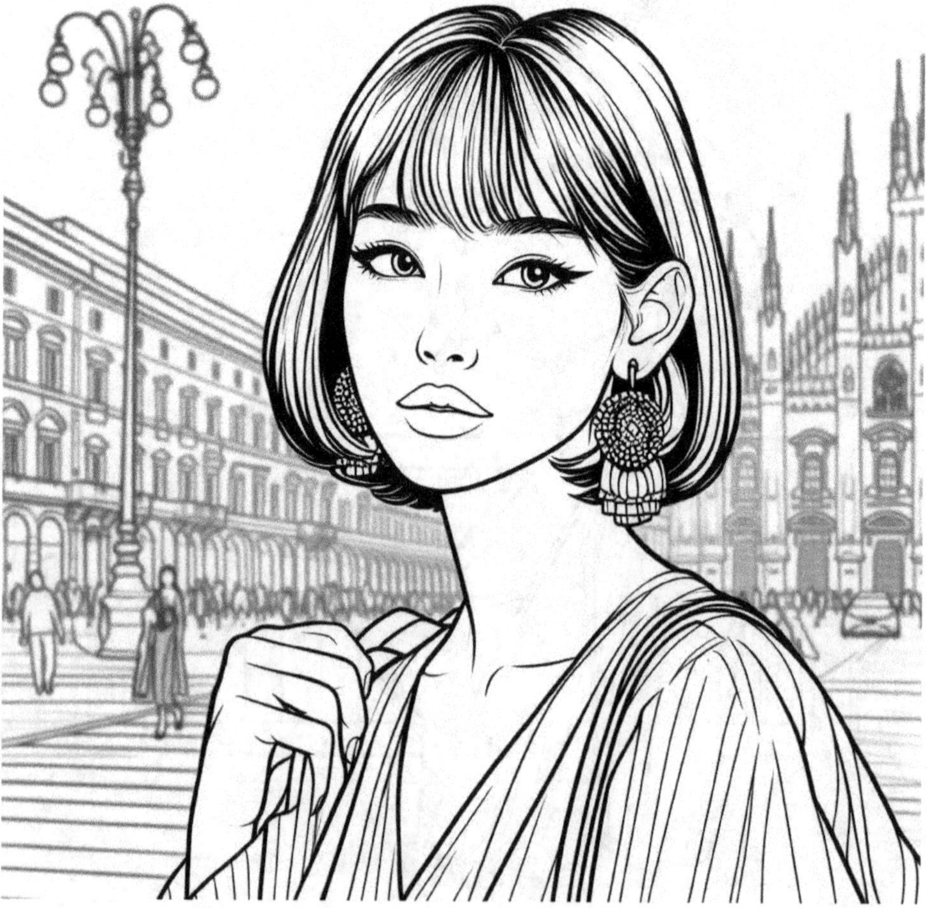

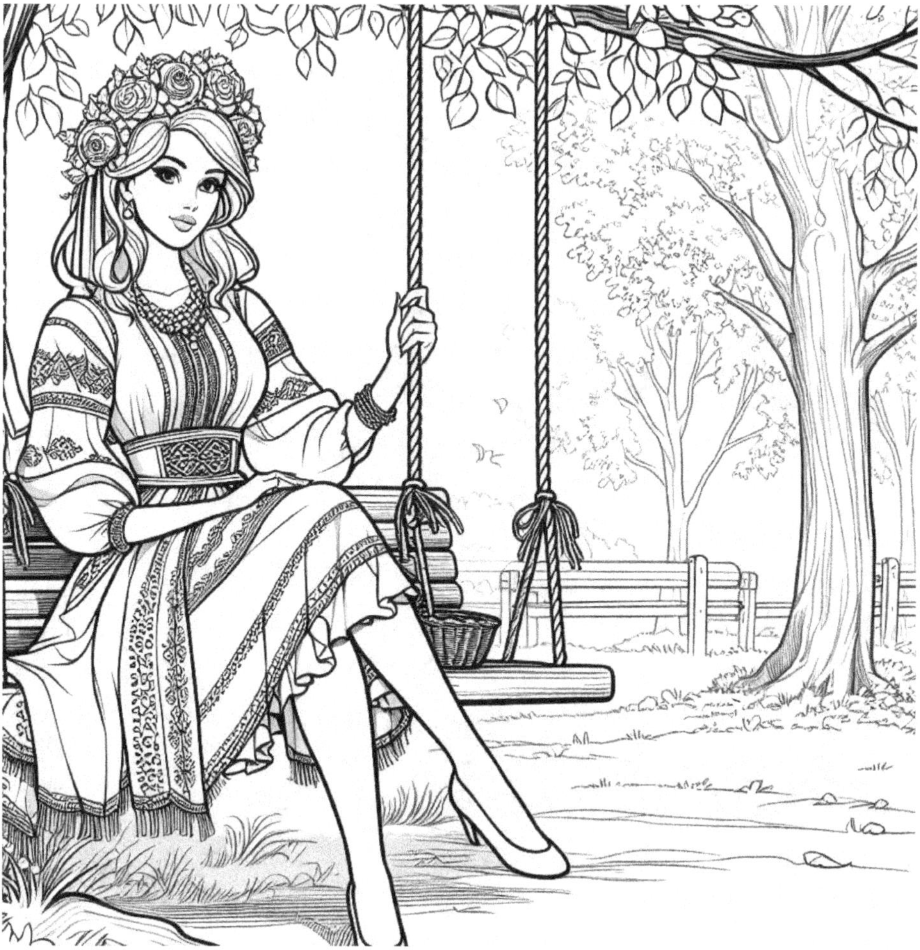

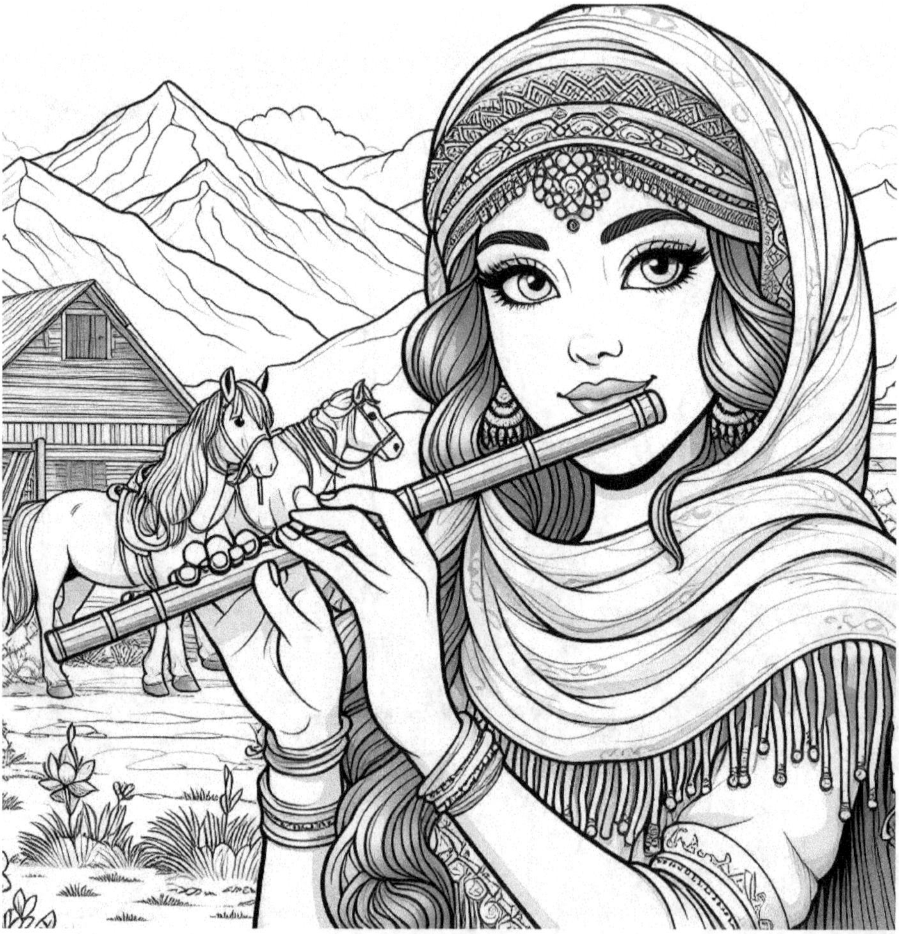

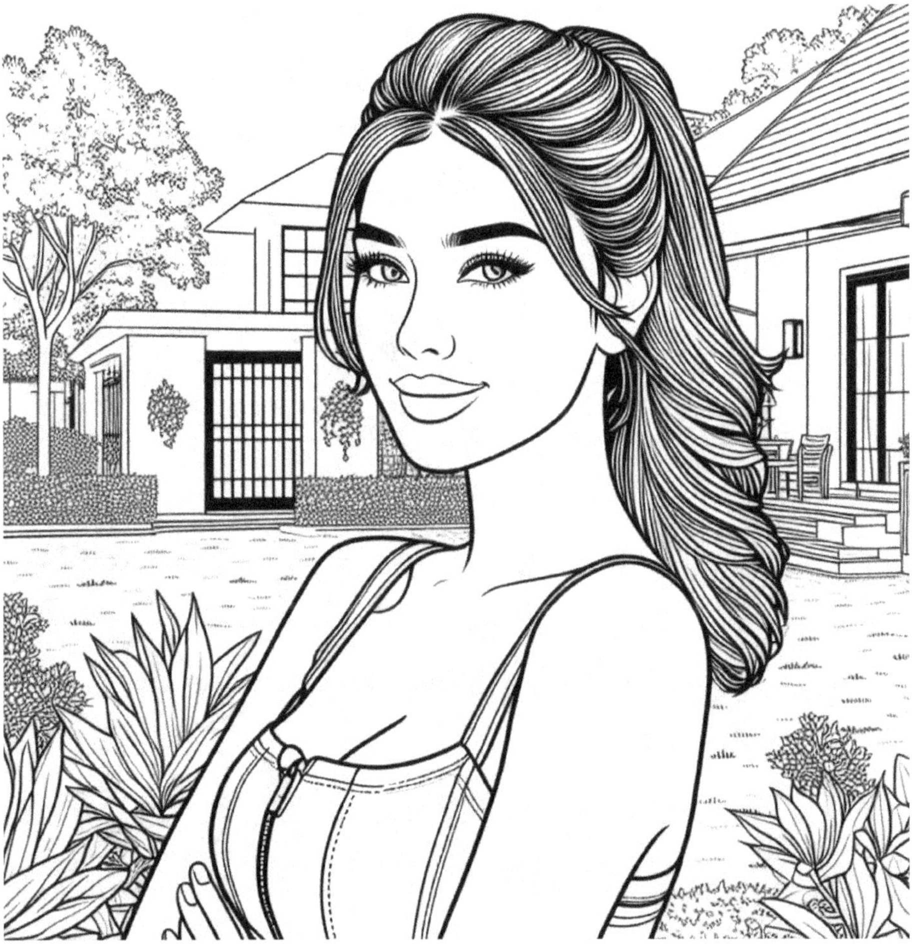

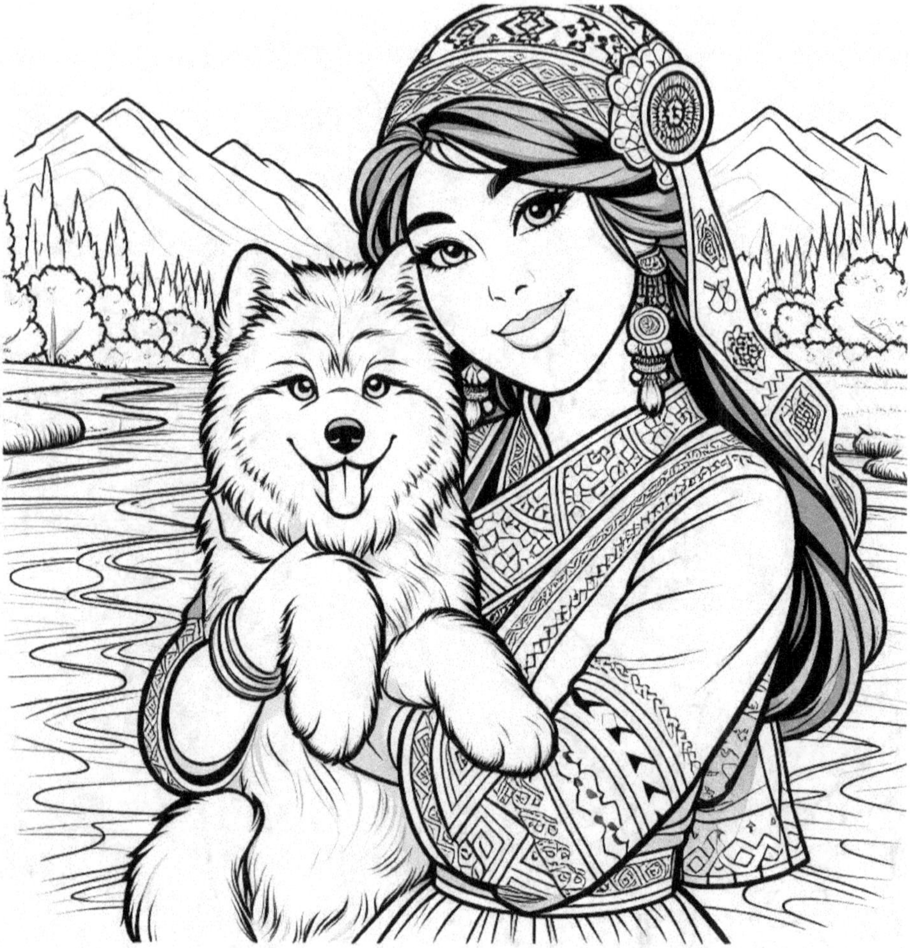

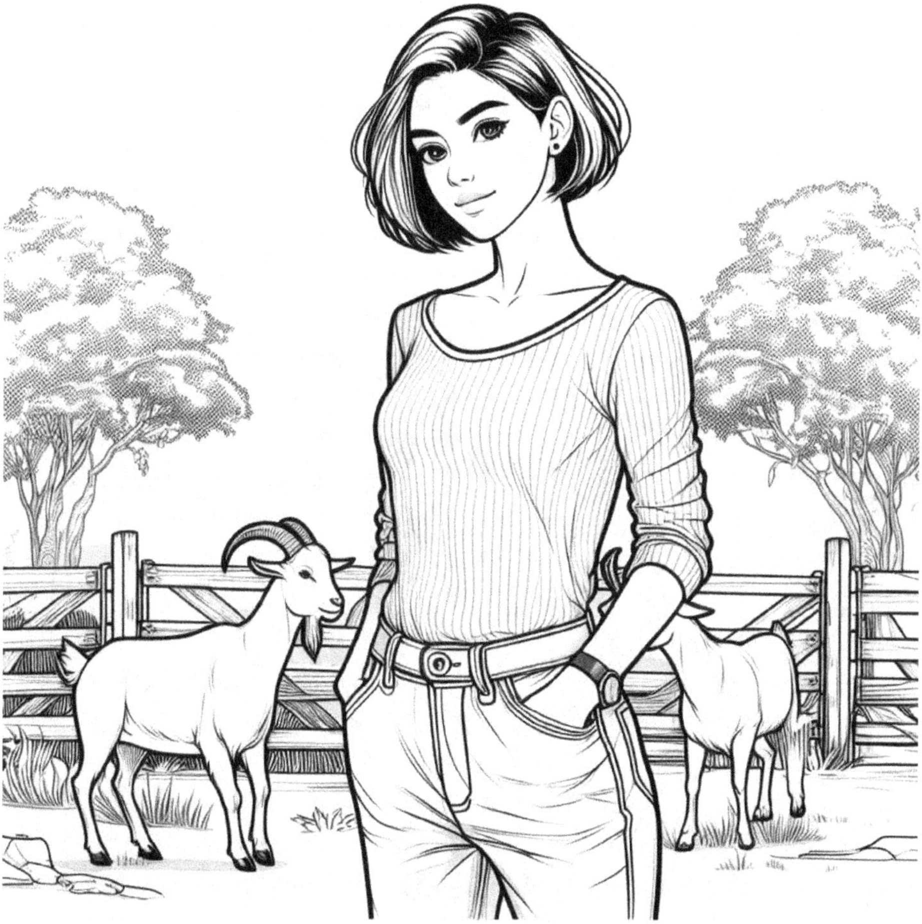

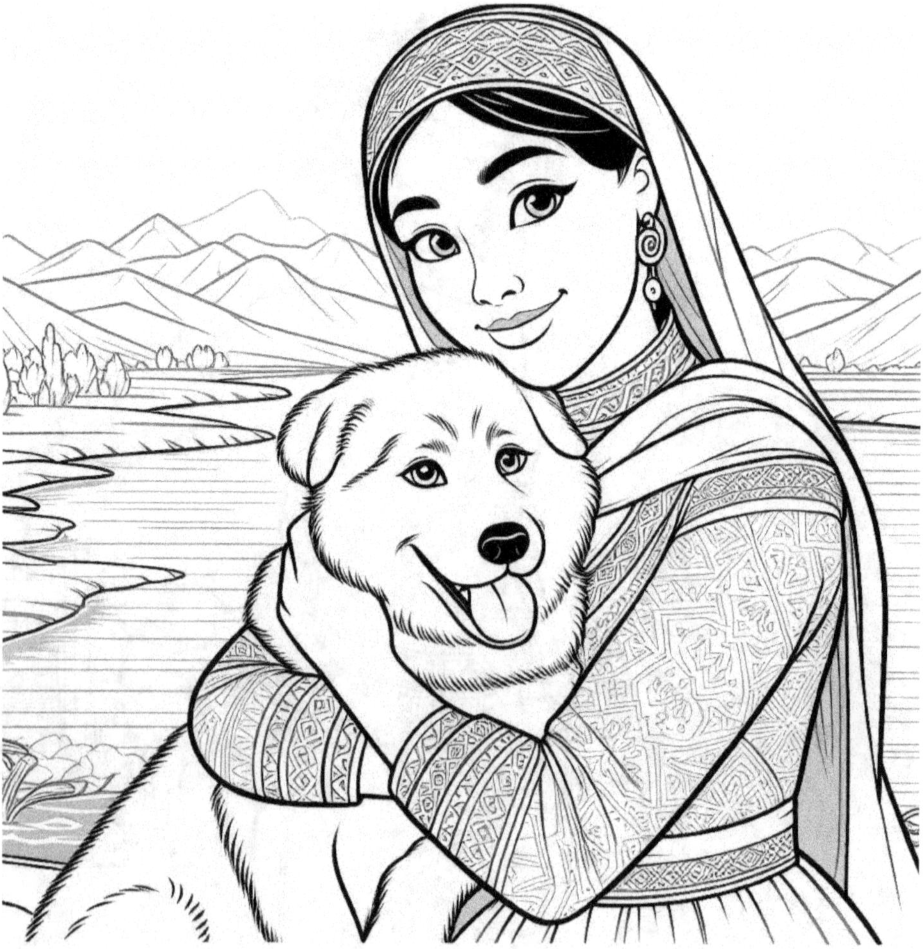

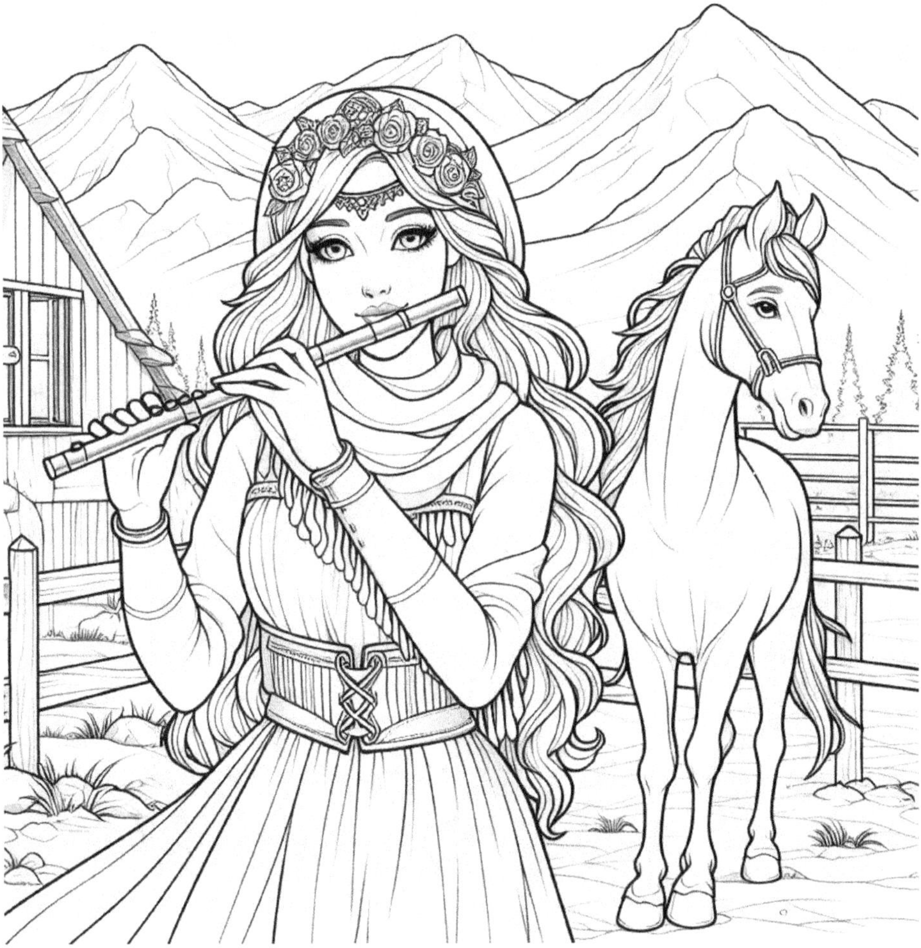

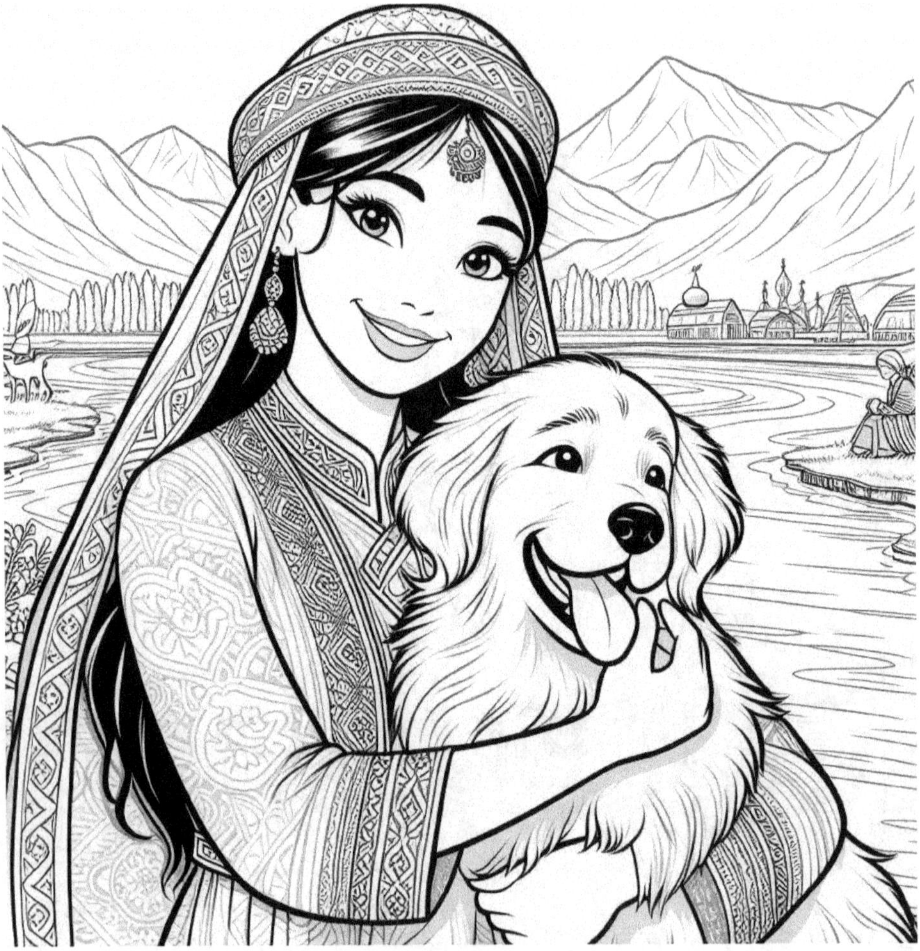

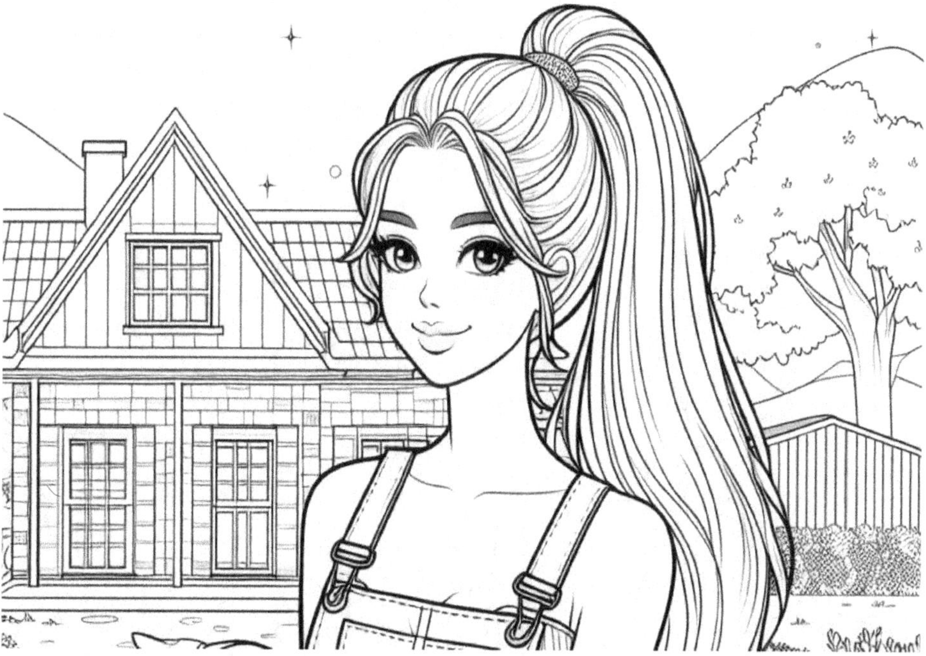

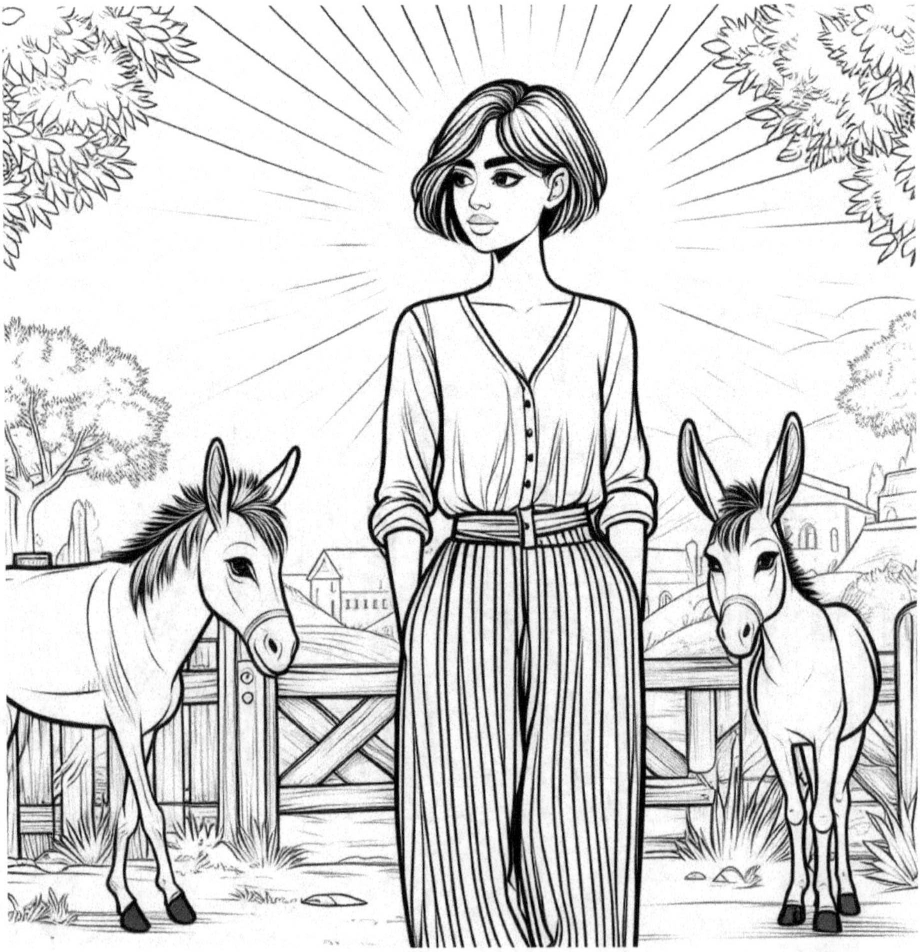

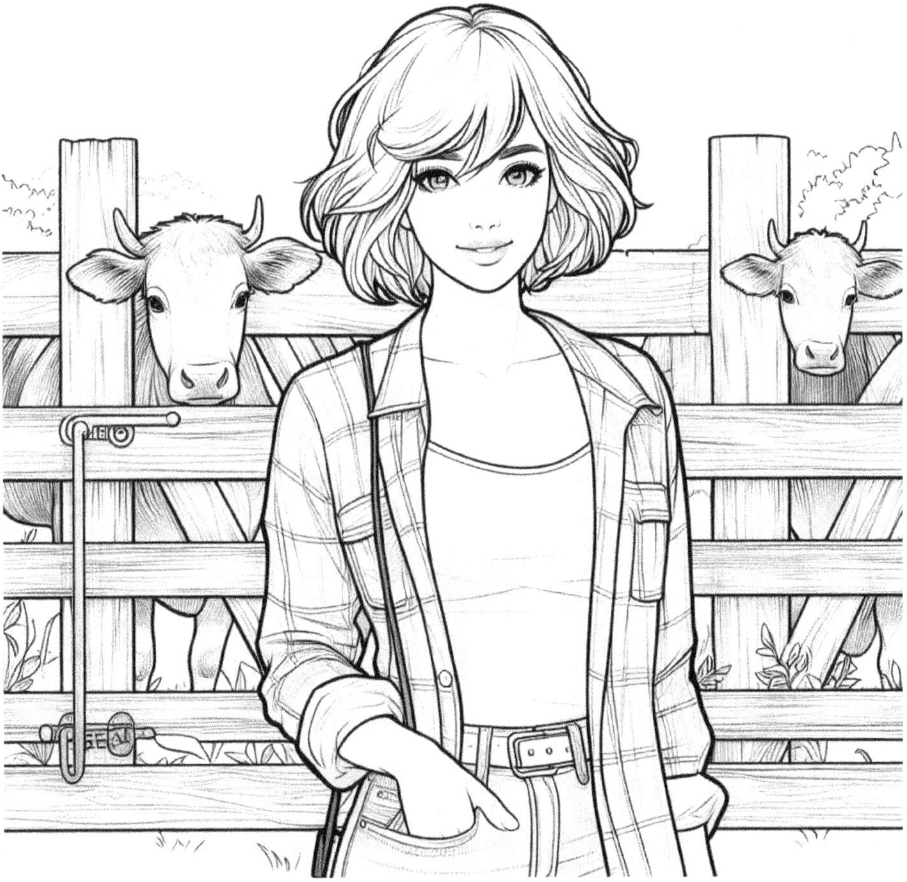

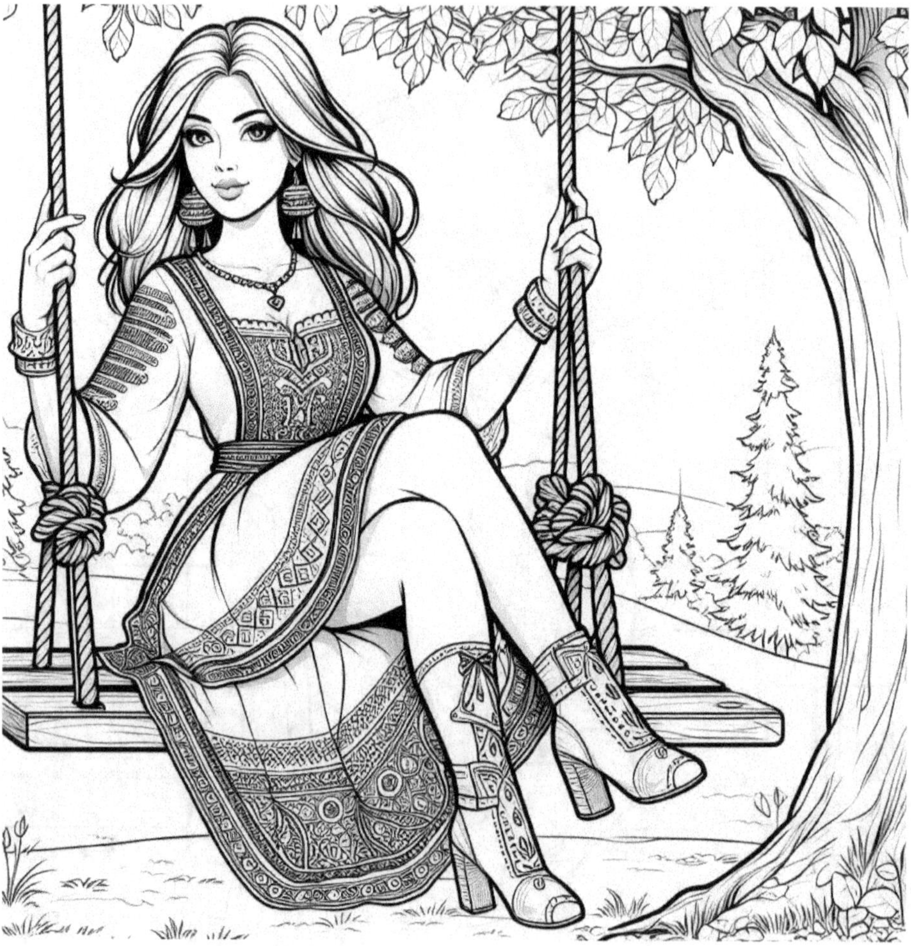

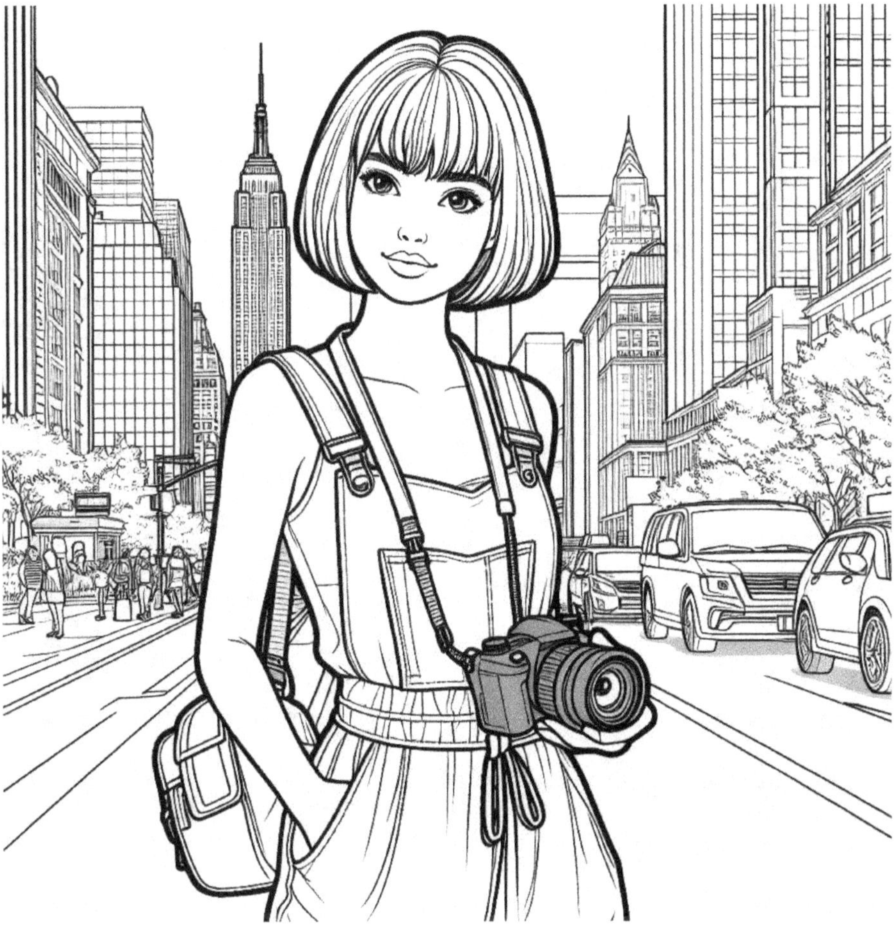

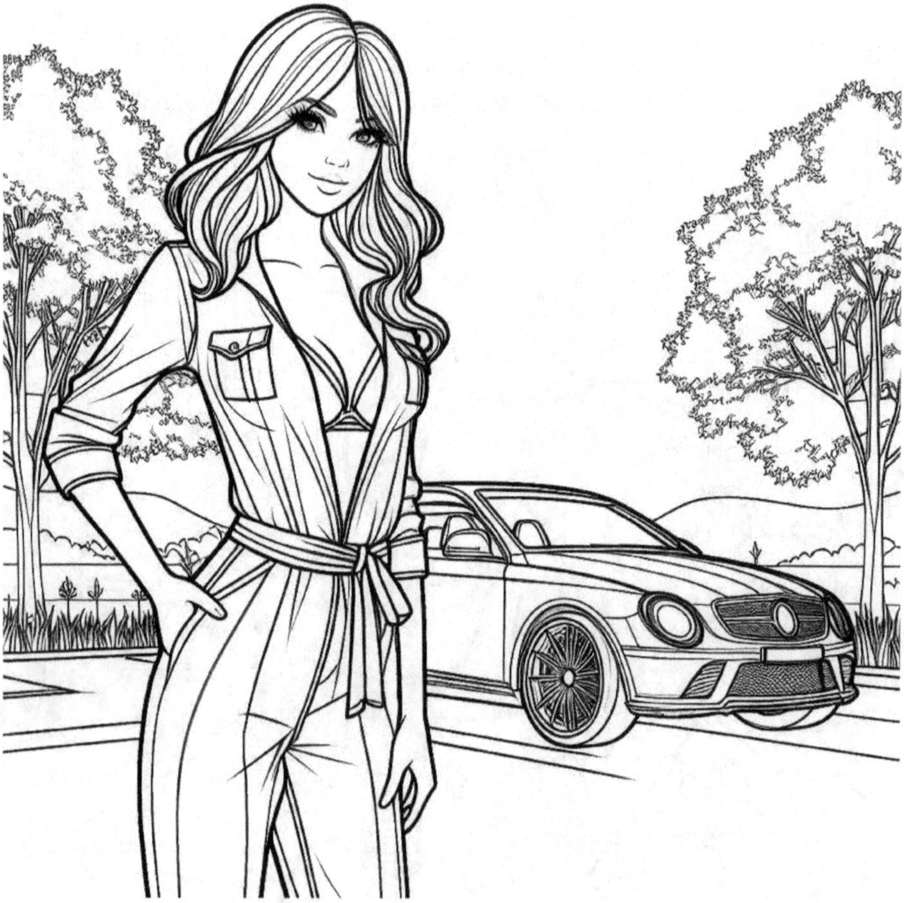

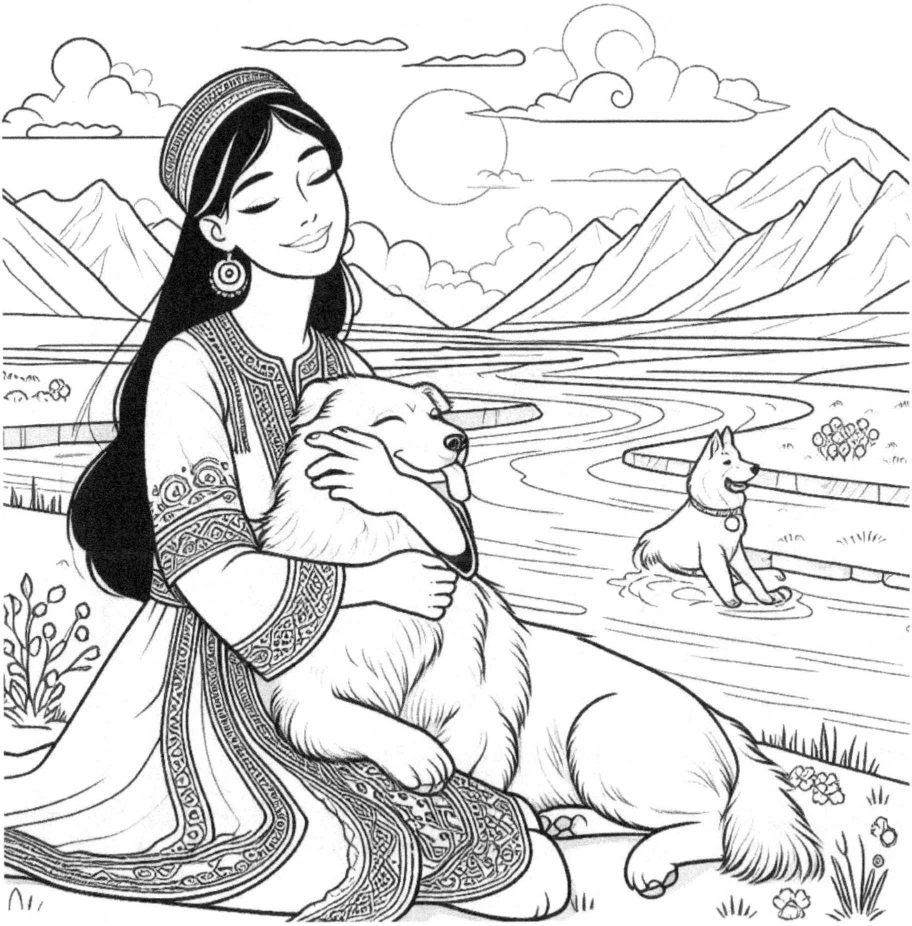

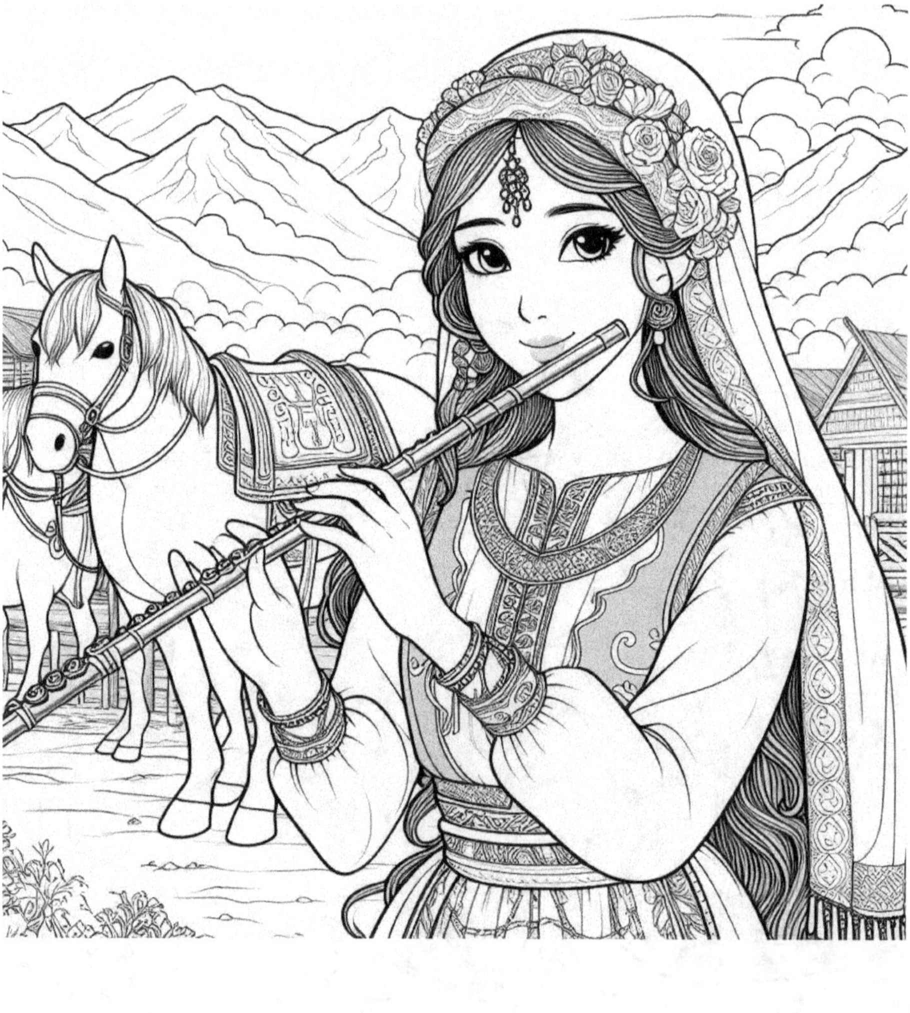

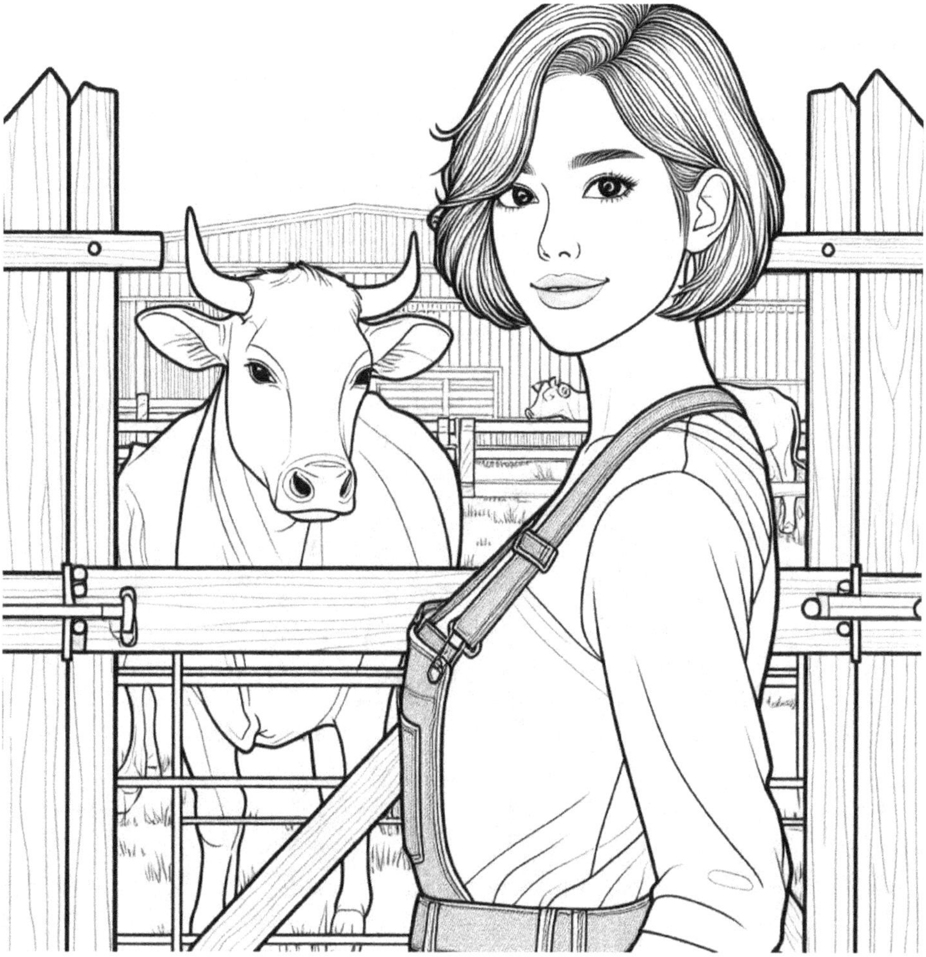

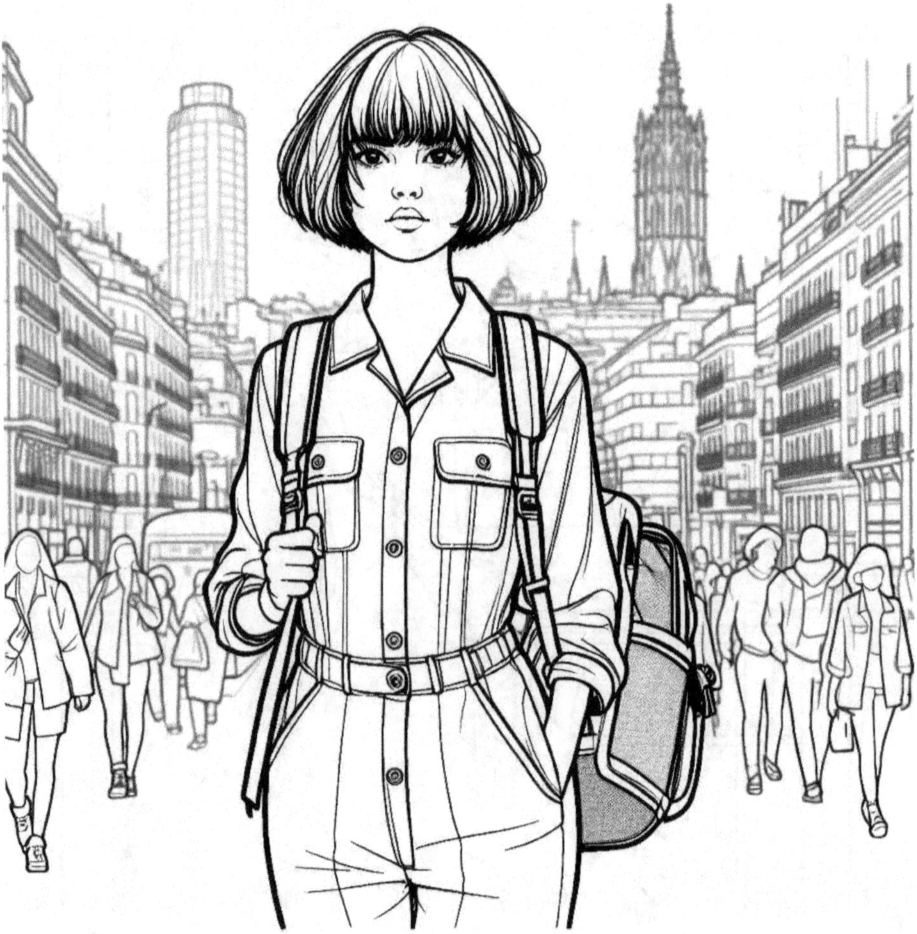

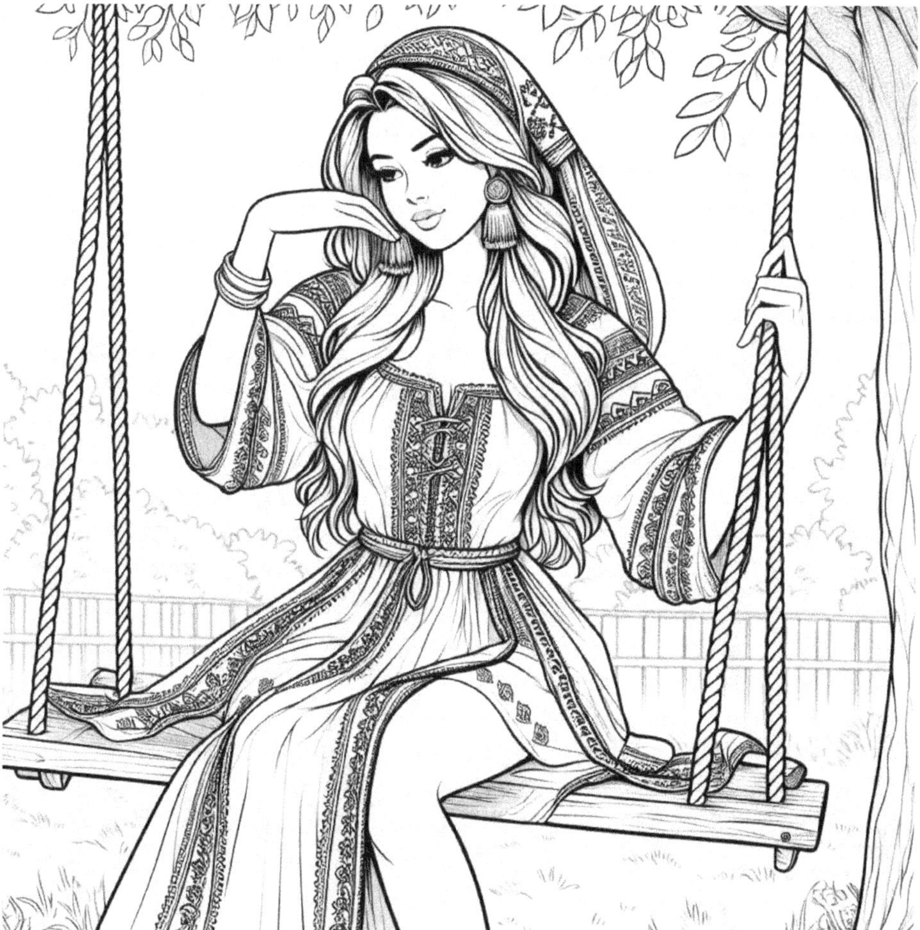

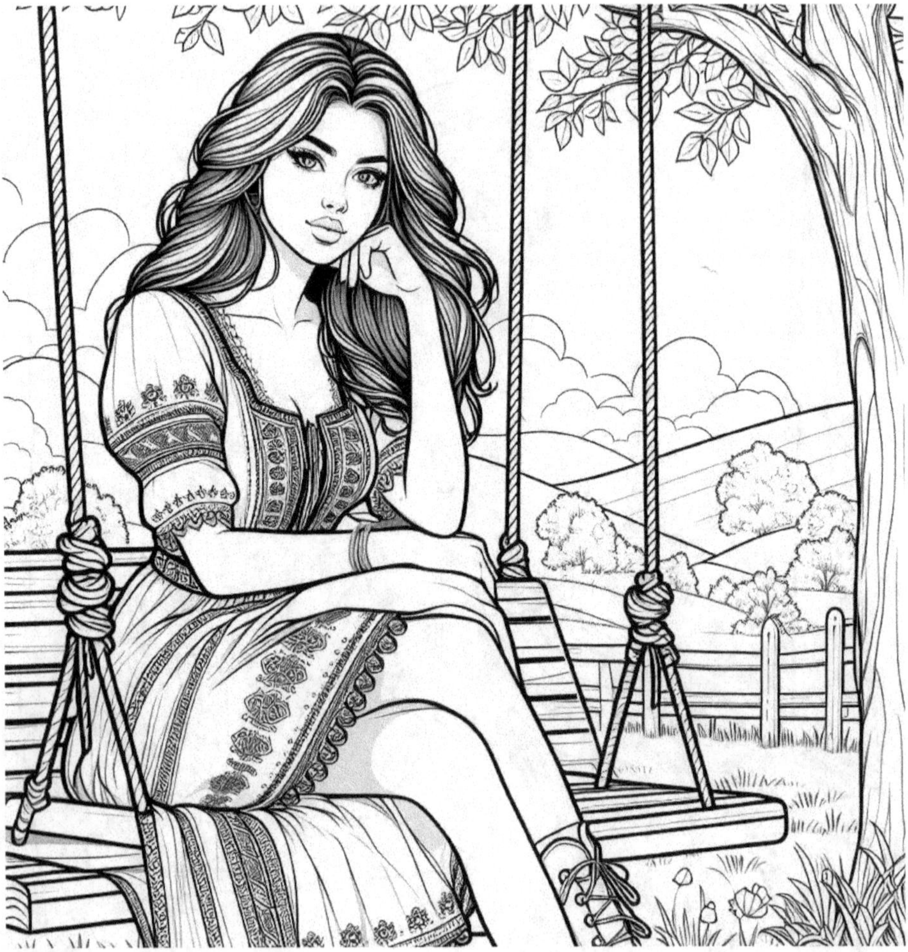

www.ingramcontent.com/pod-product-compliance
Lightning Source LLC
Chambersburg PA
CBHW071223240526
45470CB00018B/2294
* 9 7 9 8 3 2 5 4 6 7 5 0 9 *